W0253207

100 % Chocolat

LAROUSSE

21 rue du Montparnasse 75283 Paris Cedex 06

Sommaire

CHOCOLAT GOURMAND

CHOCOLAT FONDANT

CHOCOLAT CRAQUANT

Rouleau chocolat-coco

POUR 6 PERSONNES

PRÉPARATION : 1 H • CUISSON : 10 MIN • REPOS : 30 MIN • RÉFRIGÉRATION : 1 H

Pour la crème coco : 1 tasse de lait • 1 cuill. à soupe de farine • 4 cuill. à soupe de sucre en poudre • 125 g de beurre ramolli • 5 cuill. à soupe de noix de coco en poudre
Pour la pâte à gâteau : 450 g de biscuits secs • 3 cuill. à soupe de cacao en poudre de très bonne qualité • 4 ou 5 cuill. à soupe de confiture d'abricots • 2 ou 3 cuill. à soupe de rhum (facultatif)

1. Préparez la crème coco. Dans une casserole, faites chauffer le lait, la farine et le sucre. Laissez épaissir le mélange puis faites refroidir.

2. Pendant ce temps, préparez la pâte à gâteau. Cassez les biscuits et réduisez-les en poudre avec un robot. Ajoutez à cette poudre le cacao, la confiture d'abricots et le rhum. Malaxez bien, jusqu'à ce que le mélange ait la consistance d'une pâte. Laissez reposer 30 minutes.

3. Terminez la préparation de la crème coco en y ajoutant le beurre ramolli et la noix de coco en poudre.

4. Étalez la pâte à gâteau avec un rouleau à pâtisserie sur une épaisseur de 5 mm. Coupez les bords avec un couteau pour obtenir un rectangle. Étalez la crème sur la pâte, puis roulez celle-ci. Laissez reposer le gâteau au réfrigérateur 1 heure avant de le déguster. Découpez-le en rondelles avant de servir.

Moelleux chocolatés aux pistaches

POUR 6 PERSONNES

PRÉPARATION : 25 MIN • CUISSON : 10 MIN • CONGÉLATION : 12 H

150 g de chocolat noir • 45 g de beurre demi-sel + 1 noix pour les moules • 35 g de sucre en poudre • 2 œufs • 30 g de farine 20 g de pistaches concassées

Pour le cœur chocolat blanc-pistaches : 50 g de chocolat blanc • 1 cuill. à soupe de pâte de pistache • 1 cuill. à café de pistaches concassées

1. La veille, préparez le cœur chocolat blanc et pistaches. Faites fondre le chocolat blanc doucement au bain-marie. Lorsqu'il est bien lisse, ajoutez la pâte de pistache, et mélangez. Ajoutez alors les pistaches concassées et mélangez de nouveau. Remplissez des petits moules en silicone (ou à défaut un bac à glaçons) avec la préparation à la pistache, et placez pour la nuit au congélateur.

2. Le lendemain, préchauffez le four à 240 °C (therm. 8) et beurrez des petits moules à brioche. Faites fondre le chocolat au bain-marie. Lorsqu'il est bien liquide, ajoutez le beurre en morceaux et lissez le tout à la spatule. Dans un saladier, fouettez le sucre et les œufs, ajoutez la farine puis le mélange au chocolat, et les pistaches concassées.

3. Remplissez le tiers des moules de cette préparation. Déposez dans chacun d'eux une boule de chocolat blanc à la pistache congelé. Recouvrez avec le reste de préparation et enfournez pour 10 minutes.

Pizza chocolat-caramel

POUR 6 PERSONNES

PRÉPARATION : 30 MIN • CUISSON : 11 MIN

250 g de pâte à pizza prête à l'emploi • 300 g de chocolat noir à 70 % de cacao au minimum

Pour le caramel au beurre salé : 25 g de beurre demi-sel ou salé 1/2 citron • 150 g de sucre en poudre • 10 cl de crème liquide

1. Préparez le caramel. Coupez le beurre en morceaux et placez-le au réfrigérateur. Pressez le demi-citron et filtrez le jus. Faites fondre à feu doux le sucre avec le jus de citron. Passez un pinceau imbibé d'eau sur les parois de la casserole pour éliminer les projections de sucre.

2. Pendant ce temps, faites chauffer la crème à feu doux dans une autre casserole. Lorsque le caramel a blondi, ajoutez-y, hors du feu, la crème chaude en filet tout en remuant. Ajoutez le beurre, et mélangez à l'aide d'une spatule, jusqu'à ce que le mélange soit homogène. Gardez le caramel à température ambiante.

3. Préchauffez le four à 240 °C (therm. 8). Déroulez la pâte à pizza sur une plaque recouverte de papier sulfurisé et enfournez pour 5 minutes environ.

4. Réduisez la température du four à 210 °C (therm. 7). À l'aide d'une spatule, étalez le caramel sur la pâte sur une épaisseur de 3 mm, en vous arrêtant à 2 cm du bord de la pâte. Hachez grossièrement le chocolat avec un couteau et parsemez-en la surface du caramel. Enfournez pour 6 minutes. Servez chaud.

Voici le programme pour un doux réveil : pancakes au chocolat et chantilly, à partager sans modération avec toute la famille.

Pancakes au chocolat

POUR 18 À 20 PANCAKES

PRÉPARATION : 40 MIN • CUISSON : 30 À 40 MIN • REPOS : 15 MIN

240 g de farine • 30 g de cacao amer en poudre • 3 cuill. à café de levure • 110 g de sucre en poudre • 2 œufs • 30 cl de lait • 15 cl de lait aigre (ou moitié lait et moitié yaourt) • 90 g de beurre + un peu pour la poêle • sucre glace • sauce au chocolat, ou chantilly prête à l'emploi

1. Dans un saladier, tamisez la farine, le cacao, la levure et ajoutez le sucre. Dans un autre récipient, mélangez les œufs, le lait, le lait aigre et le beurre fondu. Formez une fontaine dans la farine et ajoutez doucement les ingrédients liquides. Mélangez bien. Laissez reposer la pâte couverte d'un film alimentaire pendant 15 minutes au frais.

2. Dans une poêle à blinis, faites fondre un peu de beurre et versez-y quelques cuillerées de pâte. Dès que le pancake commence à faire des bulles, retournez-le à l'aide d'une spatule et faites cuire l'autre côté. Continuez ainsi jusqu'à épuisement de la pâte. Gardez les pancakes dans un four tiède. Servez-les saupoudrés de sucre glace et accompagnés de sauce au chocolat ou de chantilly.

Servez une part de ce cake généreux en chocolat accompagnée d'une boule de glace à la vanille ou d'une salade de fruit. Plaisir assuré !

Cake au chocolat

POUR 6 À 8 PERSONNES

PRÉPARATION : 15 MIN • CUISSON : 45 MIN

80 g de cacao en poudre • 20 cl de lait • 10 cl de crème liquide • 3 œufs • 350 g de sucre en poudre • 200 g de farine • 1/2 sachet de levure chimique • 10 cl d'huile • 1 noix de beurre pour le moule

1. Préchauffez le four à 180 °C (therm. 6). Dans un bol, délayez le cacao dans le lait et la crème. Mélangez les œufs entiers avec le sucre. Ajoutez la farine et la levure, puis l'huile et le mélange lait-crème-cacao.

2. Versez la préparation dans un moule à cake beurré. Enfournez le cake pour 45 minutes. Sortez le cake, laissez-le refroidir avant de le démouler.

ake chocola

Ces madeleines sont moelleuses et parfumées. Une fois refroidies, vous pouvez aussi les napper de chocolat noir fondu.

Madeleines au chocolat

POUR 30 MADELEINES ENVIRON

PRÉPARATION : 20 MIN • CUISSON : 8 À 10 MIN • REPOS : 12 H

125 g de farine • 125 g de fécule de pomme de terre • 1 sachet de levure • 20 g de cacao en poudre • 250 g de sucre en poudre • 4 œufs • 250 g de beurre demi-sel + 1 noix pour les moules

1. Dans un saladier, mélangez la farine, la fécule de pomme de terre, la levure, le cacao et le sucre. Ajoutez les œufs et mélangez le tout. Faites fondre le beurre doucement. Incorporez le beurre fondu et mélangez le tout à l'aide d'une spatule. Laissez reposer la pâte 12 heures au frais.

2. Préchauffez le four à 200 °C (therm. 6-7). Beurrez des moules à madeleines et remplissez les alvéoles aux deux tiers. Enfournez et faites cuire pendant 8 à 10 minutes.

3. Laissez les madeleines refroidir avant de les démouler.

Le fondant du chocolat et le croustillant du praliné à la fois… Un délice !

Brownie au chocolat et praliné

POUR 4 À 6 PERSONNES

PRÉPARATION : 15 MIN • CUISSON : 20 MIN

180 g de chocolat noir • 150 g de beurre • 3 œufs • 110 g de sucre en poudre • 125 g de farine • 100 g de noix de pécan • 100 g de praliné en poudre

1. Préchauffez le four à 180 °C (therm. 6). Faites fondre le chocolat et le beurre au bain-marie. Dans un saladier, fouettez les œufs avec le sucre et la farine. Mélangez la préparation au chocolat et le mélange œufs-sucre-farine, ajoutez les noix de pécan grossièrement hachées et 70 g de praliné en poudre.

2. Versez la préparation dans un moule rectangulaire de 20 par 15 cm environ. Saupoudrez la surface du reste de praliné. Enfournez le brownie pour 20 minutes. Sortez-le du four, laissez-le refroidir avant de le découper en carrés.

Parsemez ces adorables cupcakes de vermicelles, de copeaux de chocolat ou encore de noix de coco râpée.

Cupcakes au chocolat

POUR 12 CUPCAKES ENVIRON

PRÉPARATION : 25 MIN • CUISSON : 20 MIN

Pour la pâte : 120 g de beurre ramolli • 200 g de sucre en poudre • 2 œufs • 175 g de farine • 1 cuill. à soupe de cacao en poudre • 1/2 sachet de levure chimique • 25 cl de lait • 50 g de chocolat noir
Pour le glaçage au chocolat : 90 g de beurre ramolli • 5 cuill. à soupe de sucre glace • 1 cuill. à soupe de cacao en poudre

1. Préchauffez le four à 180 °C (therm. 6). Préparez la pâte en mélangeant le beurre ramolli avec le sucre dans un saladier. Ajoutez les œufs un à un, la farine, le cacao, la levure, le lait puis le chocolat haché finement. Versez la préparation dans des moules à muffins ou à cupcakes, en les remplissant aux trois quarts. Enfournez pour 20 minutes.

2. Sortez les cupcakes du four et laissez-les refroidir. Pendant ce temps, préparez le glaçage : mélangez le beurre ramolli dans un bol avec le sucre glace et le cacao.

3. Étalez le glaçage sur le dessus de chaque gâteau à l'aide d'une poche munie d'une douille cannelée ou à l'aide d'une spatule, puis décorez-les selon vos envies.

Soufflé au chocolat

POUR 6 PERSONNES

PRÉPARATION : 20 MIN • CUISSON : 30 MIN

150 g de chocolat noir à 70 % de cacao • 6 œufs • 40 g de fécule de maïs • 50 g de sucre en poudre • 10 g de beurre pour le moule • 1 pincée de sel • 1 cuill. à soupe de cacao en poudre

1. Cassez les œufs en séparant les blancs des jaunes. Faites fondre doucement le chocolat en morceaux au bain-marie en remuant de temps en temps.

2. Ôtez le chocolat fondu du bain-marie et incorporez les jaunes d'œufs l'un après l'autre, en mélangeant bien à chaque fois avant d'en ajouter un autre. Saupoudrez la fécule et le sucre à la surface et mélangez rapidement.

3. Préchauffez le four à 200 °C (therm. 6-7). Beurrez un moule à soufflé.

4. Fouettez les blancs d'œufs en neige très ferme avec la pincée de sel. Prélevez-en 2 cuillerées à soupe et mélangez-les vivement à la crème au chocolat pour l'alléger. Incorporez ensuite le reste, en soulevant délicatement la préparation de bas en haut.

5. Versez la préparation dans le moule à soufflé et enfournez pour environ 25 minutes. Vérifiez la cuisson en piquant la lame d'un couteau dans le soufflé : celle-ci doit ressortir à peine humide pour que l'intérieur soit légèrement crémeux.

6. Saupoudrez légèrement la surface de cacao et servez.

Ce cheesecake sans pâte est moelleux et fondant à souhait. Il existe dans le commerce des poudres à pudding aromatisées à divers parfums, variez donc les plaisirs et apportez une petite touche d'originalité à votre gâteau !

Cheesecake au chocolat

POUR 6 PERSONNES

PRÉPARATION : 15 MIN • CUISSON : 1 H

3 œufs • 900 g de fromage blanc • 150 g de sucre en poudre • 2 sachets de poudre à pudding • 25 cl de crème liquide • 30 g de cacao en poudre • 1 noix de beurre pour le moule

1. Préchauffez le four à 175 °C (therm. 5-6). Dans un saladier, battez les œufs et le fromage blanc. Ajoutez le sucre en poudre, les sachets de poudre à pudding, la crème liquide, le cacao et mélangez bien le tout.

2. Beurrez un moule à manqué et versez-y la préparation. Enfournez et laissez cuire pendant 1 heure. Laissez le gâteau refroidir avant de le démouler et dégustez-le bien frais.

Une crème au chocolat à l'ancienne, onctueuse à souhait... Encore plus savoureuse parsemée de pistaches légèrement grillées et hachées.

Crème au chocolat de grand-mère

POUR 6 PERSONNES

PRÉPARATION : 10 MIN • CUISSON : 25 MIN • REPOS : 2 H MINIMUM

125 g de chocolat noir • 40 cl de lait • 35 cl de crème liquide • 6 jaunes d'œufs • 150 g de sucre en poudre • 1 cuill. à soupe rase de fécule de maïs • 1 cuill. à café de vanille liquide

1. Râpez le chocolat. Dans une casserole, mélangez le lait et la crème. Faites chauffer.

2. Pendant ce temps, travaillez les jaunes d'œufs avec le sucre pour obtenir une crème claire et mousseuse. Incorporez la fécule de maïs, puis, toujours en remuant, le mélange lait-crème.

3. Versez la préparation dans une casserole. Sur feu doux et en remuant sans cesse, faites épaissir la crème mais sans la laisser bouillir.

4. Hors du feu, ajoutez le chocolat râpé et la vanille liquide. Mélangez bien. Répartissez la crème dans des tasses. Laissez refroidir, couvrez et mettez au frais pour au moins 2 heures.

Tarte au chocolat

POUR 6 PERSONNES

PRÉPARATION : 15 MIN • REPOS DE LA PÂTE : 30 MIN MINIMUM • CUISSON : 25 MIN ENVIRON

1 pâte sablée pré-étalée

Pour la ganache : 15 cl de crème fraîche • 125 g de chocolat noir

1. Préchauffez le four à 170 °C (therm. 5-6). Étalez la pâte et garnissez-en un moule de 22 cm de diamètre. Piquez le fond à la fourchette, puis couvrez-le de papier sulfurisé et de légumes secs. Faites cuire à blanc 12 minutes. Retirez le papier et les légumes secs et continuez la cuisson de 8 à 10 minutes. Sortez le fond de tarte du four et laissez-le refroidir.

2. Pendant ce temps, préparez la ganache. Versez la crème fraîche dans une casserole à fond épais et faites-la chauffer. Cassez le chocolat en petits morceaux et mettez-les à fondre au bain-marie. Versez peu à peu la crème bien chaude sur le chocolat, en mélangeant soigneusement à l'aide d'une spatule.

3. Mettez la ganache dans une poche à douille et remplissez-en le fond de tarte. Lissez bien le dessus à l'aide d'une spatule métallique. Mettez au réfrigérateur jusqu'au moment de servir.

Parfois, on cherche désespérément un dessert tendance ou original pour épater ses convives... Mais ce grand classique est indémodable !

Mi-cuits au chocolat

POUR 6 PERSONNES

PRÉPARATION : 10 MIN • CUISSON : 8 À 10 MIN

200 g de chocolat • 70 g de beurre demi-sel + 1 noix pour les moules • 4 œufs • 70 g de sucre en poudre • 50 g de farine + 10 g pour les moules

1. Préchauffez le four à 220 °C (therm. 7-8). Faites fondre le chocolat au bain-marie et ajoutez le beurre coupé en petits morceaux. Dans un saladier, battez les œufs avec le sucre. Incorporez ce mélange au chocolat, puis ajoutez la farine.

2. Répartissez la préparation dans des moules préalablement beurrés et farinés, et faites cuire dans le four bien préchauffé de 8 à 10 minutes. Surveillez bien la cuisson pour que le cœur ne durcisse reste coulant.

Verrines au chocolat et aux Carambar®

POUR 6 PERSONNES

PRÉPARATION : 20 MIN • CUISSON : 10 MIN • RÉFRIGÉRATION : 3 H

Pour la crème au chocolat : 200 g de chocolat noir • 70 g de cassonade • 1 cuill. à soupe de miel • 25 cl de crème liquide • 1 cuill. à soupe de fécule de maïs

Pour la mousse aux Carambar® : 16 Carambar® goût caramel • 15 cl de lait • 20 cl de crème liquide • 200 g de mascarpone

1. Préparez la crème au chocolat. Faites fondre le chocolat au bain-marie. Ajoutez la cassonade, le miel et la moitié de la crème. Lissez bien le tout à l'aide d'une spatule. Dans un bol, fouettez rapidement le reste de crème liquide et la fécule de maïs, puis ajoutez-les au reste de la préparation. Remettez au bain-marie tout en remuant pendant 4 ou 5 minutes, jusqu'à ce que le mélange épaississe. Remplissez six verrines aux deux tiers et placez-les 2 heures au frais.

2. Préparez la mousse aux Carambar®. Faites fondre doucement les Carambar® dans le lait. Laissez refroidir. À l'aide d'un batteur électrique, montez la crème liquide bien froide en chantilly. Fouettez le mascarpone à la fourchette et ajoutez-y les Carambar® fondus et refroidis. Lissez bien le tout et ajoutez-le délicatement à la chantilly. Versez cette préparation dans une poche à douille cannelée. Déposez une rosace de crème sur chaque verrine et réservez 1 heure au frais. Vous pouvez saupoudrer de cacao au moment de servir.

Crème brûlée au chocolat noir

POUR 8 PERSONNES

PRÉPARATION : 15 MIN (SUR 2 JOURS) • CUISSON : 45 MIN ENVIRON • RÉFRIGÉRATION : 12 H

Pour la crème brûlée : 200 g de chocolat noir à 70 % de cacao • 8 jaunes d'œufs • 180 g de sucre en poudre • 50 cl de lait entier • 50 cl de crème liquide
Pour la finition : cassonade

1. Préparez la crème brûlée la veille. Hachez le chocolat. Mélangez les jaunes d'œufs et le sucre en poudre. Portez ensemble le lait et la crème liquide à ébullition. Ajoutez-y le chocolat haché. Dès que la préparation est homogène, versez-la sur le mélange jaunes-sucre et mélangez bien.

2. Préchauffez le four à 100 °C (therm. 3-4). Répartissez la crème au chocolat dans huit plats à crème brûlée. Enfournez et laissez cuire 45 minutes. Laissez refroidir, puis mettez-les au réfrigérateur jusqu'au lendemain.

3. Le lendemain, sortez les crèmes du réfrigérateur. Allumez le gril du four. Parsemez le dessus des crèmes de cassonade. Mettez les crèmes à caraméliser 1 ou 2 minutes sous le gril chaud du four. Dégustez aussitôt.

Chocolat liégeois

POUR 6 PERSONNES

PRÉPARATION : 15 MIN • CUISSON : 5 MIN ENVIRON

1,2 l d'eau • 100 g de sucre en poudre • 250 g de chocolat à 67 % de cacao • 50 g de cacao en poudre • 20 cl de crème liquide • 75 cl de glace au chocolat • Copeaux de chocolat noir

1. Préparez la boisson au chocolat : portez l'eau à ébullition avec le sucre. Hachez le chocolat. Ajoutez le chocolat haché et le cacao dans l'eau bouillante en fouettant vivement au fouet à main. Portez de nouveau à ébullition, puis retirez du feu.

2. Mixez le mélange pendant 3 minutes, puis versez-le dans un grand saladier. Laissez refroidir la boisson au chocolat avant de la mettre au réfrigérateur.

3. Mettez un saladier à glacer 15 minutes au congélateur. Montez-y la crème liquide en crème fouettée ferme. Mettez-la dans une poche munie d'une douille à bout cannelé.

4. Au moment de servir, façonnez 2 boules de glace au chocolat par personne. Placez-les dans un verre haut. Versez dessus la boisson au chocolat froide. Terminez par une rosace de crème fouettée. Parsemez de copeaux de chocolat. Servez aussitôt avec une paille et une cuillère à glace.

Profiteroles

POUR 30 PROFITEROLES

PRÉPARATION : 40 MIN • CUISSON : 15 MIN

Pour la pâte à choux : 6 cl d'eau • 7 cl de lait frais entier • 1 petite cuill. à café de sel fin • 1 petite cuill. à café de sucre en poudre • 50 g de beurre • 70 g de farine • 2 œufs entiers + 1 œuf pour la dorure
Pour la sauce au chocolat : 200 g de chocolat • 10 cl de crème fraîche
Pour la garniture : Glace à la vanille

1. Préparez la pâte à choux : portez à ébullition en remuant l'eau, le lait, le sel, le sucre et le beurre. Ajoutez la farine en une seule fois. Tournez énergiquement à l'aide d'une spatule, jusqu'à ce que la pâte soit lisse et homogène.

2. Lorsqu'elle se détache des parois et du fond de la casserole, continuez de remuer 2 ou 3 minutes, afin de la dessécher un peu. Placez-la dans un saladier ; mettez les 2 œufs entiers, un par un. Continuez de travailler la pâte. Elle est prête quand elle retombe en ruban.

3. Préchauffez le four à 200 °C (therm. 6-7). Garnissez de pâte une poche à douille à embout lisse et disposez 30 boules de la taille d'une noix sur une plaque recouverte de papier sulfurisé. Enduisez-les du dernier œuf battu. Enfournez pour 15 minutes, entrouvrez la porte du four après 5 minutes.

4. Faites bouillir la crème fraîche. Versez-la sur le chocolat haché finement et mélangez. Remplissez les choux de glace à la vanille. Nappez-les de sauce au chocolat tiède et servez.

Pour un petit effet croustillant, ajoutez la poudre de spéculos directement dans la mousse avant de la placer au frais.

Mousse glacée aux spéculos

POUR 4 PERSONNES

PRÉPARATION : 10 MIN • CONGÉLATION : 6 H

30 cl de lait concentré non sucré • 20 g de sucre glace • 30 g de cacao en poudre • 12 spéculos environ

1. Placez le lait concentré au congélateur pendant 15 minutes. Ensuite, à l'aide d'un batteur électrique, fouettez-le jusqu'à ce qu'il double de volume et mousse. Ajoutez alors le sucre glace et le cacao et fouettez à nouveau.

2. Versez la préparation dans des verres et placez ceux-ci au congélateur pendant 6 heures au moins. Au moment de servir, mixez les spéculos et saupoudrez-en les mousses.

Meringues fourrées au chocolat

POUR 15 BISCUITS ENVIRON

PRÉPARATION : 25 MIN • CUISSON : 1 H • RÉFRIGÉRATION : 1 H

Pour la ganache : 175 g de chocolat • 30 cl de crème liquide
Pour la meringue : 140 g de sucre glace • 20 g de cacao en poudre • 4 blancs d'œufs • 65 g de sucre en poudre

1. Préparez la ganache au chocolat. Faites fondre le chocolat en morceaux au bain-marie et ajoutez-y la crème liquide. Lissez alors la préparation à l'aide d'une spatule. Versez la ganache dans un bol et réservez 1 heure au frais.

2. Préchauffez le four à 120 °C (therm. 4). Préparez la meringue. Dans un bol, mélangez le sucre glace et le cacao. Dans un saladier, battez les blancs d'œufs en neige. Lorsqu'ils commencent à être fermes, incorporez le sucre en poudre et continuez à fouetter. Ajoutez enfin le mélange sucre-cacao et fouettez à nouveau jusqu'à ce que la préparation soit lisse et brillante. Remplissez-en une poche à douille lisse et dressez des meringues en forme de spirale de 4 cm de diamètre sur une plaque à pâtisserie recouverte de papier sulfurisé. Enfournez et faites cuire pendant 1 heure. Laissez refroidir.

3. Lorsque les meringues sont bien froides, garnissez de ganache au chocolat, à l'aide d'une spatule, la moitié d'entre elles. Recouvrez avec l'autre moitié des meringues, pour former des sandwichs.

Bavarois au chocolat et à la vanille

POUR 4 À 6 PERSONNES

PRÉPARATION : 1 H • CUISSON : 10 À 15 MIN • RÉFRIGÉRATION : 6 H

35 cl de crème anglaise • 3 feuilles de gélatine • 30 cl de crème liquide froide • 7 cl de lait frais entier froid • 70 g de chocolat à 55 % de cacao au minimum • 2 cuill. à café d'extrait de vanille liquide • huile pour le moule

1. Chauffez la crème anglaise puis versez-la dans un bol. Faites ramollir la gélatine à l'eau froide puis égouttez-la. Ajoutez la gélatine à la crème anglaise encore chaude, remuez pour la dissoudre. Plongez le bol de la crème anglaise dans un récipient rempli de glaçons et mélangez jusqu'à ce qu'elle commence à épaissir. Fouettez la crème fraîche et le lait entier jusqu'à ce que le mélange devienne ferme. Incorporez la crème fouettée à la crème anglaise. Partagez la crème bavaroise ainsi obtenue en deux.

2. Faites fondre le chocolat. Mélangez-le à la moitité de crème bavaroise, mélangez l'extrait de vanille à l'autre.

3. Badigeonnez d'huile un moule à manqué de 22 cm de diamètre. Versez-y la crème bavaroise au chocolat. Placez le moule au réfrigérateur pour 30 minutes environ pour laisser prendre la crème. Versez la crème bavaroise à la vanille. Laissez prendre de nouveau au frais pendant 4 à 5 heures. Pour démouler, trempez le moule quelques instants dans de l'eau chaude.

Corolles au chocolat, mousse au chocolat blanc

POUR 15 À 20 COROLLES

PRÉPARATION : 30 MIN • CUISSON : 4 MIN

Pour la pâte des corolles : blanc d'œuf • 60 g de sucre glace • 60 g de beurre • 50 g de farine • 10 g de cacao amer en poudre
Pour la mousse : 15 cl de lait entier • 40 g de chocolat blanc • 25 cl de crème liquide • 1 cuill. à soupe de sucre glace

1. Préparez la pâte. Battez le blanc d'œuf et le sucre glace. Ajoutez le beurre fondu et refroidi, la farine et le cacao, et mélangez. Laissez reposer la pâte à couvert au réfrigérateur.

2. Pendant ce temps, préparez la mousse au chocolat blanc. Faites chauffer le lait dans une casserole, ajoutez le chocolat blanc et mélangez. Laissez refroidir. Montez la crème liquide bien froide en chantilly avec le sucre glace puis incorporez-la au chocolat.

3. Recouvrez une plaque de four de papier sulfurisé. À l'aide d'une petite cuillère, déposez des petits tas de pâte bien espacés, en les étalant légèrement. Faites cuire 4 minutes à 200 °C (therm. 6-7). Dès la sortie du four, moulez les disques en forme de corolle.

4. Quand les corolles ont refroidi, remplissez-les de mousse à l'aide d'une poche à douille, puis décorez-les avec des vermicelles.

Macarons au chocolat

POUR 20 MACARONS ENVIRON

PRÉPARATION : 25 MIN • CUISSON : 20 À 25 MIN • RÉFRIGÉRATION : 1 NUIT

4 blancs d'œufs • 220 g de sucre glace • 120 g d'amandes en poudre • 50 g de sucre en poudre • 30 g de cacao en poudre
Pour la ganache : 175 g de chocolat noir • 30 cl de crème liquide

1. La veille, placez les blancs d'œufs au frais.

2. Préparez la ganache. Faites fondre le chocolat au bain-marie, ajoutez-y la crème et lissez à la spatule. Réservez.

3. Préparez les macarons. Préchauffez le four à 160 °C (therm. 5-6). Mélangez le sucre glace et les amandes et étalez ce mélange sur une plaque de four. Enfournez de 5 à 10 minutes pour sécher le mélange. Battez les blancs d'œufs en neige très ferme dans un saladier, puis ajoutez petit à petit le sucre, sans cesser de fouetter. Incorporez le cacao au mélange sucre-amandes. Mélangez le tout délicatement aux œufs en neige. Avec une poche à douille lisse, formez des ronds de pâte réguliers sur une plaque de four recouverte de papier sulfurisé. Réservez pendant 20 minutes puis enfournez de 12 à 15 minutes.

4. Attendez un peu avant de décoller les macarons : faites couler un filet d'eau entre le papier et la plaque, la vapeur qui en sortira rendra l'opération plus facile. Assouplissez la ganache à la spatule et garnissez-en la moitié des macarons, recouvrez de l'autre moitié. Conservez les macarons au frais.

De délicieuses tartelettes à déguster sans attendre après leur sortie du four pour profiter pleinement de leur saveur.

Tartelettes au chocolat et au café

POUR 4 À 6 PERSONNES

PRÉPARATION : 25 MIN • CUISSON : 30 MIN

1 pâte sablée prête à l'emploi • 1 noix de beurre pour les moules • 20 cl de crème liquide • 80 g de chocolat noir • 5 cl de café fort • 1/2 cuill. à café d'extrait de café • 1 œuf

1. Préchauffez le four à 190 °C (therm. 6-7). Beurrez des moules à tartelettes. Étalez la pâte et foncez les moules à tartelettes. Faites-les cuire à blanc de 5 à 7 minutes au four. Sortez-les.

2. Faites bouillir la crème dans une casserole. Hors du feu, ajoutez le chocolat cassé en morceaux, fouettez pour obtenir un mélange bien lisse.

3. Mélangez au fouet le café fort, l'extrait de café et l'œuf entier dans un saladier. Ajoutez le mélange crème-chocolat, remuez puis versez le tout dans les fonds de tartelette cuits à blanc. Enfournez. Éteignez le four, laissez les tartelettes dedans environ 20 minutes jusqu'à ce que la préparation au chocolat soit coagulée. Sortez les tartelettes, laissez-les refroidir et dégustez-les sans tarder.

Vous pouvez ajouter au chocolat des noisettes concassées pour plus de craquant.

Mini-cakes glacés au caramel

POUR 4 PERSONNES

PRÉPARATION : 20 MIN • CONGÉLATION : 6 H

10 biscuits *digestive* environ • confiture de lait • 350 g de chocolat noir • 120 g de beurre demi-sel • 120 g de sucre glace

1. Tapissez quatre mini-moules à cake de film alimentaire. Réduisez les biscuits en poudre et réservez. Faites chauffer doucement la confiture de lait afin qu'elle se liquéfie.

2. Faites fondre le chocolat au bain-marie. Lorsque celui-ci est bien fondu, ajoutez-y le beurre et le sucre glace et lissez la préparation à l'aide d'une spatule.

3. Remplissez les moules à cake au tiers avec la préparation au chocolat, saupoudrez alors avec un peu de poudre de biscuits, puis versez la confiture de lait. Déposez une nouvelle couche de poudre de biscuits et terminez par une couche de chocolat.

4. Placez les mini-cakes au congélateur pendant 6 heures au moins. Sortez-les 15 minutes avant de les déguster.

Biscuits aux feuilles de rose

POUR 45 À 50 BISCUITS

PRÉPARATION : 40 MIN • CUISSON : 8 À 10 MIN • RÉFRIGÉRATION : 30 MIN

225 g de farine • 10 g de cacao amer en poudre • 1 cuill. à café de levure chimique • 1 pincée de sel • 150 g de sucre en poudre • 125 g de beurre • 1 œuf • 150 g de chocolat noir • 45 à 50 feuilles de rose non traitées bio

1. Recouvrez de papier sulfurisé deux plaques de four. Dans un saladier, tamisez la farine, le cacao, la levure et une pincée de sel. Blanchissez le sucre avec le beurre, ajoutez l'œuf. Réunissez les deux préparations et travaillez jusqu'à avoir une pâte légèrement ferme. Divisez la pâte en deux et formez deux rouleaux de 4 cm de diamètre. Enveloppez-les de film alimentaire et laissez reposer au réfrigérateur pendant 30 minutes.

2. Préchauffez le four à 200 °C (therm. 6-7). Coupez les rouleaux de pâte en rondelles de 5 mm d'épaisseur. Enfournez de 8 à 10 minutes et laissez refroidir.

3. Faites fondre doucement le chocolat au bain-marie. À l'aide d'un pinceau, badigeonnez les feuilles de rose de chocolat fondu. Quand celui-ci a bien durci, décollez-le avec délicatesse des feuilles. Avec le chocolat restant, collez une feuille par biscuit.

Petites charlottes

POUR 4 PERSONNES

PRÉPARATION : 25 MIN • RÉFRIGÉRATION : 3 H

30 cl d'eau • 20 g de sucre • 1 cuill. à soupe de rhum • 20 biscuits à la cuillère

Pour la pâte au chocolat noir : 150 g de chocolat noir de couverture • 1 cuill. à soupe d'eau • 75 g de beurre • 2 œufs • 1 pincée de sel • 40 g de sucre

Pour la pâte au chocolat blanc : 2 feuilles de gélatine • 100 g de chocolat blanc • 10 cl de lait • 2 œufs • 20 g de sucre • 10 cl de crème liquide

1. Dans une casserole, chauffez l'eau, le sucre et le rhum pour faire un sirop. Versez-le dans un bol peu profond et trempez-y les biscuits coupés en deux. Disposez-les le long des parois de quatre ramequins et réservez-les au frais.

2. Préparez la pâte au chocolat noir. Faites fondre le chocolat noir au bain-marie avec l'eau. Ajoutez le beurre en morceaux et les jaunes d'œufs et lissez le tout avec une spatule. Montez les blancs en neige avec le sel et le sucre et incorporez-les délicatement à la préparation. Garnissez les ramequins à mi-hauteur de cette pâte et placez-les au frais.

3. Préparez la pâte au chocolat blanc. Plongez la gélatine dans de l'eau froide. Cassez le chocolat en morceaux. Faites tiédir le lait, ajoutez les œufs, le sucre et fouettez énergiquement. Laissez 5 minutes à feu doux et versez sur le chocolat blanc. Ajoutez la gélatine essorée et mélangez. Montez la crème en chantilly et ajoutez-la délicatement. Garnissez le haut des ramequins et placez 3 heures au frais.

Ces caramels mous sont délicieux accompagnés d'un café ou d'un thé. Remplacez 25 g de cacao en poudre par une cuillerée à soupe d'extrait de café pour obtenir des caramels choco-café.

Caramels au chocolat

POUR 50 À 60 CARAMELS

PRÉPARATION : 10 MIN • CUISSON : 10 À 12 MIN

250 g de sucre en poudre • 100 g de crème fraîche • 50 g de miel • 50 g de cacao en poudre • huile d'arachide

1. Dans une casserole, mélangez le sucre, la crème fraîche, le miel et le cacao. Chauffez en remuant à l'aide d'une cuillère en bois jusqu'à ce que la préparation prenne une couleur ambre foncé.

2. Posez un cercle à tarte de 22 cm de diamètre sur un papier sulfurisé, huilez-le légèrement. Versez-y la préparation et laissez tiédir.

3. Retirez le cercle et découpez le caramel obtenu en carrés. Dégustez les carrés de caramel quand ils sont refroidis. Pour les conserver, enveloppez-les de film alimentaire et rangez-les dans une boîte.

Un banoffee en version chocolatée pour le bonheur des plus gourmands.

Banoffee au chocolat

POUR 6 PERSONNES

PRÉPARATION : 20 MIN • RÉFRIGÉRATION : 1 H 30

60 g de chocolat noir • 70 g de beurre demi-sel • 20 biscuits *digestive* environ • 2 bananes • 5 cuill. à soupe de confiture de lait • 20 cl de crème liquide • 2 sachets de sucre vanillé • 100 g de mascarpone • cacao en poudre

1. Faites fondre le chocolat en morceaux au bain-marie avec le beurre, et lissez le tout à l'aide d'une spatule. Émiettez les biscuits et ajoutez-les au mélange beurre-chocolat. Étalez cette préparation dans le fond d'un moule à manqué à bord amovible et placez celui-ci au frais pendant 30 minutes.

2. Lorsque le biscuit a bien refroidi, coupez les bananes en rondelles et disposez-les dessus. Recouvrez-les avec la confiture de lait.

3. À l'aide d'un batteur électrique, fouettez la crème liquide bien froide en chantilly. Lorsque la crème commence à prendre, ajoutez le sucre vanillé et le mascarpone, et continuez à fouetter jusqu'à ce que le mélange soit bien lisse. Nappez le gâteau avec la crème au mascarpone et réservez au frais pendant 1 heure.

4. Démoulez le gâteau et saupoudrez-le de cacao.

Truffes au chocolat noir

POUR 20 TRUFFES ENVIRON

PRÉPARATION : 30 MIN • RÉFRIGÉRATION : 2 H • CUISSON : 3 MIN ENVIRON

300 g de chocolat noir • 1 cuill. à soupe de lait • 100 g de beurre • 2 jaunes d'œufs • 5 cl de crème fraîche • 125 g de sucre glace • 1 cuill. à soupe d'un alcool (facultatif) • 250 g de cacao amer

1. Mettez une petite casserole sur un bain-marie et cassez-y le chocolat en morceaux. Versez le lait et mélangez jusqu'à ce que le chocolat soit bien fondu et lisse.

2. Incorporez progressivement le beurre en petits morceaux. Ajoutez les jaunes d'œufs un par un, la crème fraîche et le sucre glace. Vous pouvez éventuellement ajouter un parfum : rhum, cognac ou un autre alcool. Fouettez la pâte pendant 5 minutes.

3. Étalez la pâte sur une plaque recouverte de papier sulfurisé sur une épaisseur de 2 cm environ et mettez-la au réfrigérateur pendant 2 heures.

4. Étalez le cacao dans un grand plat. Découpez la pâte en petits carrés. Plongez les mains dans le cacao en poudre, prenez un carré, roulez-le rapidement pour former une boule et reposez-le aussitôt dans le cacao. Agissez vite pour ne pas ramollir les truffes.

5. Quand les truffes sont toutes façonnées, retirez-les du cacao. Gardez-les au frais (mais pas au réfrigérateur) jusqu'à la dégustation.

Un chocolat chaud oui, mais, onctueux à souhait. À savourer seul ou accompagné de petits biscuits secs, à l'heure qui vous plaira.

Chocolat chaud à l'ancienne

POUR 4 PERSONNES

PRÉPARATION : 10 MIN • CUISSON : 4 À 6 MIN

125 g de chocolat noir à 67 % de cacao • 50 cl d'eau minérale • 50 g de sucre en poudre • 25 g de cacao en poudre

1. Hachez le chocolat et mettez-le dans un saladier.

2. Dans une casserole, portez l'eau à ébullition avec le sucre. Ajoutez le cacao et fouettez vivement. Portez de nouveau à ébullition, puis retirez du feu.

3. Versez le mélange en trois fois sur le chocolat haché. Mélangez doucement à l'aide d'une cuillère en bois en faisant, à partir du centre, des cercles concentriques de plus en plus grands.

4. Mixez avec un mixeur plongeant pendant 5 minutes. Versez le chocolat chaud dans quatre tasses et servez aussitôt.

TABLE DES ÉQUIVALENCES FRANCE-CANADA

POIDS

55 g	2 onces	200 g	7 onces	500 g	17 onces
100 g	3 onces	250 g	9 onces	750 g	26 onces
150 g	5 onces	300 g	10 onces	1 kg	35 onces

Ces équivalences permettent de calculer le poids à quelques grammes près (en réalité, 1 once = 28 g).

CAPACITÉS

25 cl	1 tasse	75 cl	3 tasses
50 cl	2 tasses	1 l	4 tasses

Pour faciliter la mesure des capacités, une tasse équivaut ici à 25 cl (en réalité, 1 tasse = 8 onces = 23 cl).

Direction de publication Isabelle Jeuge-Maynart et Ghislaine Stora
Direction editoriale Delphine Blétry
Édition Johana Amsilli
Direction artistique Emmanuel Chaspoul, assisté d'Anna Bardon
Mise en page Black & White
Couverture Véronique Laporte
Fabrication Annie Botrel

Crédits photographiques : p. 5, 11, 29, 45, 53 : Massimo Pessina © coll. Larousse (Stylisme : Rosalba de Magistris) ; p. 7, 9, 15, 23, 31, 33, 35, 37, 39, 41, 43, 47, 51, 55, 57, 59 : Olivier Ploton © coll. Larousse (Stylisme : Bérangère Abraham) ; p. 21, 25, 27, 61, 63 : Olivier Ploton © coll. Larousse (Stylisme : Noëmie André) ; p. 3, 13, 17, 19, 49 : Pierre-Louis Viel © coll. Larousse (Stylisme : Valéry Drouet).

© Larousse 2012

Toute reproduction ou représentation intégrale ou partielle, par quelque procédé que ce soit, du texte et/ou de la nomenclature contenus dans le présent ouvrage, et qui sont la propriété de l'Éditeur, est strictement interdite.

Les Éditions Larousse utilisent des papiers composés de fibres naturelles, renouvelables, recyclables et fabriquées à partir de bois issus de forêts qui adoptent un système d'aménagement durable. En outre, les Éditions Larousse attendent de leurs fournisseurs de papier qu'ils s'inscrivent dans une démarche de certification environnementale reconnue.

ISBN 978-2-03-586949-4

Photogravure Turquoise, Émerainville
Imprimé en Chine par Starlite Development Ltd
Dépôt légal : mars 2012
307828/01 – 11016166 – novembre 2011